MI PRIMER PASO

A la Escritura y Lectura Inicial

Este libro pertenece a:

_____

- - - - - - - - - - - - - - - - -

_____

CastSeller LLC y Anna Brown
Todos los derechos reservados.
ISBN: 9798390030547

Introducción

Este libro es para ayudar a los niños a aprender a escribir y leer de una manera divertida. El cuaderno comienza con silabas, que son los sonidos que hacen las palabras. Luego, los niños aprenden a escribir palabras sencillas y van avanzando hasta aprender a escribir palabras más difíciles.

El mismo contiene más de 300 palabras para practicar en modo caligrafía y 50 historias escritas en rima, lo que hace que sea más divertido aprender. Las rimas son una buena manera de ayudar a los niños a leer y comprender mejor. Al final del cuaderno, hay una sección para que los niños practiquen todo lo que han aprendido, lo que les ayudará a leer solos."

¡Prepárense para tener diversión y aprendizaje con la caligrafía!"

Letra "Mm"

Lee las sílabas, lee las palabras, traza y escribe

ma	me	mi	mo	mu

mamá

ama

a**mo**

mima

a**ma**

mamá

Letra "Pp"

Lee las sílabas, lee las palabras, traza y escribe

| pa | pe | pi | po | pu |

papá

papá

puma

puma

pipa

pipa

ma**pa**

mapa

pomo

pomo

papá

papá

Letra "Ss"

Lee las sílabas, lee las palabras, traza y escribe

| sa | se | si | so | su |

sapo

sapo

o**so**

oso

sopa

sopa

me**sa**

mesa

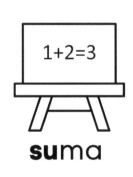

suma

suma

pe**sa**

pesa

Letra "Ll"

Lee las sílabas, lee las palabras, traza y escribe

la	le	li	lo	lu

paloma

paloma

mula

mula

sala

sala

lupa

lupa

pala

pala

lima

lima

Letra "Nn"

Lee las sílabas, lee las palabras, traza y escribe

| na | ne | ni | no | nu |

pino

pino

mano

mano

luna

luna

pepino

pepino

mono

mono

mina

mina

Letra "Tt"

Lee las sílabas, lee las palabras, traza y escribe

| ta | te | ti | to | tu |

tomate

tomate

pelo**ta**

pelo**ta**

ma**ta**

ma**ta**

pa**to**

pa**to**

mo**to**

mo**to**

tina

tina

Letra "Dd"

Lee las sílabas, lee las palabras, traza y escribe

da	de	di	do	du

ni**do**

nido

da**do**

dado

de**do**

dedo

mone**da**

moneda

so**da**

soda

nu**do**

nudo

Letra "Rr"

Lee las sílabas, lee las palabras, traza y escribe

ra	re	ri	ro	ru

to**ro**

~~toro~~

mora

~~mora~~

pe**ra**

~~pera~~

lo**ro**

~~toro~~

ma**ri**posa

~~mariposa~~

a**ro**

~~aro~~

Letra "Rr" con sonido de doble r

Lee las sílabas, lee las palabras, traza y escribe

perro

rata

to**rre**

ropa

rosa

risa

Letra "Cc"

Lee las sílabas, lee las palabras, traza y escribe

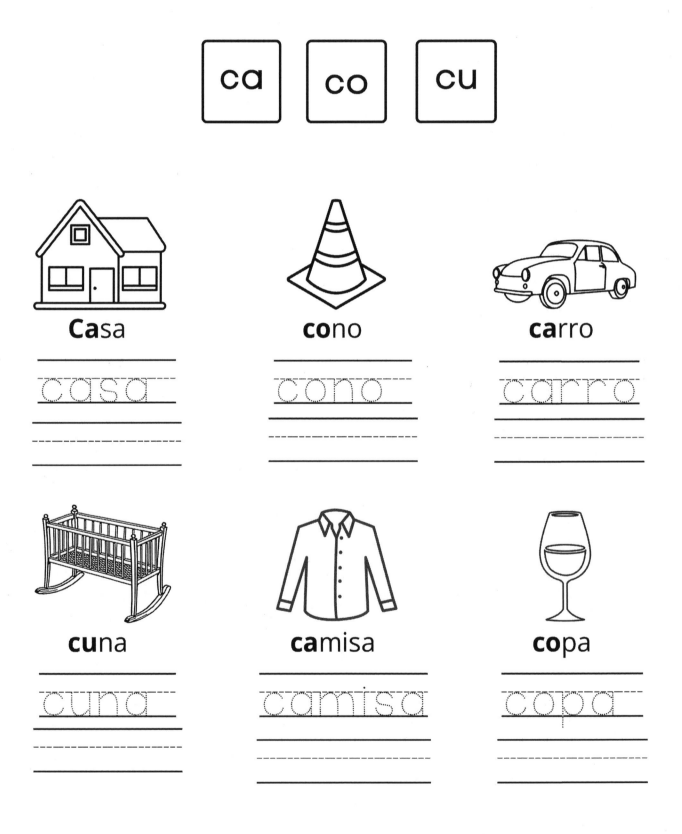

| ca | co | cu |

Casa

casa

cono

cono

carro

carro

cuna

cuna

camisa

camisa

copa

copa

Letra "Ññ"

Lee las sílabas, lee las palabras, traza y escribe

ña	ñe	ñi	ño	ñu

puño

puño

mu**ñe**ca

muñeca

ara**ña**

araña

u**ña**

uña

pi**ña**

piña

ni**ño**

niño

Letra "Vv"

Lee las sílabas, lee las palabras, traza y escribe

| va | ve | vi | vo | vu |

vela

vela

vino

vino

vaso

vaso

pa**vo**

pavo

na**ve**

nave

u**va**

uva

Letra "Bb"

Lee las sílabas, lee las palabras, traza y escribe

| ba | be | bi | bo | bu |

bola

bota

bota

bota

bata

bata

lo**bo**

lobo

boca

boca

bate

bate

Letra "Gg"

Lee las sílabas, lee las palabras, traza y escribe

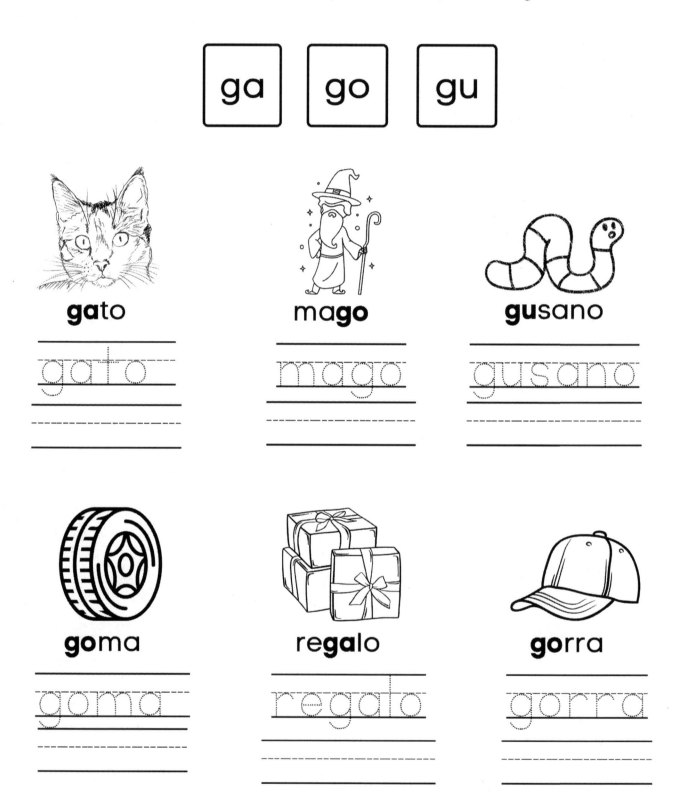

| ga | go | gu |

gato

gato

ma**go**

mago

gusano

gusano

goma

goma

re**ga**lo

regalo

gorra

gorra

Letra "Yy"

Lee las sílabas, lee las palabras, traza y escribe

| ya | ye | yi | yo | yu |

yuca

yuca

yate

yate

pa**ya**so

payaso

ra**ya**

raya

ra**yo**

rayo

yoga

yoga

Letra "Ff"

Lee las sílabas, lee las palabras, traza y escribe

| fa | fe | fi | fo | fu |

foco

foco

foca

foca

ca**fé**

café

ri**fa**

rifa

so**fá**

sofá

faro

faro

Letra "Hh"

Lee las sílabas, lee las palabras, traza y escribe

| ha | he | hi | ho | hu |

helado

hora

hamaca

herido

hada

hilo

Letra "Zz"

Lee las sílabas, lee las palabras, traza y escribe

za	ze	zi	zo	zu

zorra

zorra

zapato

zapato

ti**za**

tiza

bu**zo**

buzo

cabe**za**

cabeza

po**zo**

pozo

Letra "ll"

Lee las sílabas, lee las palabras, traza y escribe

lla	lle	lli	llo	llu

galleta

si**lla**

o**lla**

po**lli**to

ba**lle**na

ga**llo**

Letra "Gg"

Lee las sílabas, lee las palabras, traza y escribe

gue **gui**

guerra

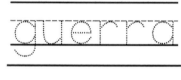

á**gui**la

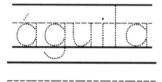

la**gui**to

guiso

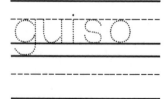

ju**gue**te

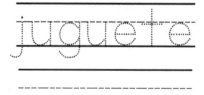

guitarra

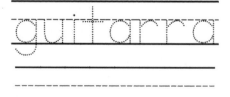

Letra "Cc"

Lee las sílabas, lee las palabras, traza y escribe

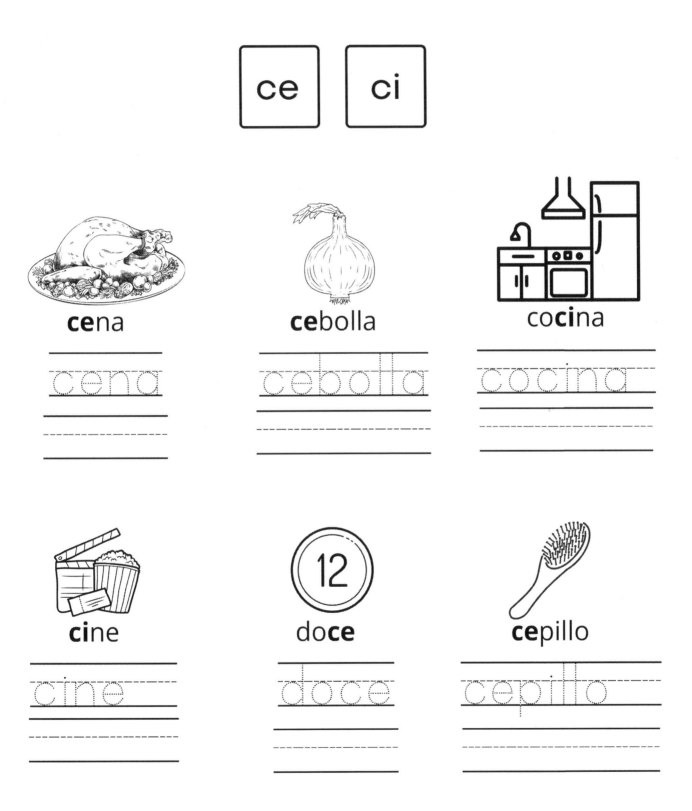

| ce | ci |

cena

cebolla

co**ci**na

cine

do**ce**

cepillo

Letra "ch"

Lee las sílabas, lee las palabras, traza y escribe

| cha | che | chi | cho | chu |

choza

choza

chivo

chivo

ha**cha**

hacha

cu**cha**ra

cuchara

le**chu**za

lechuza

o**cho**

ocho

Letra "Qq"

Lee las sílabas, lee las palabras, traza y escribe

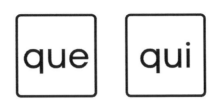

que   qui

queso

queso

ra**que**ta

raqueta

pa**que**te

paquete

bu**que**

buque

má**qui**na

máquina

queja

queja

Letra "Gg"

ge	gi

pág**i**na

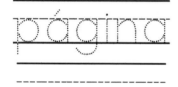

gemela

gitana

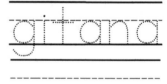

giro

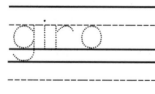

gema

gelatina

Lee las sílabas, lee las palabras, traza y escribe

as	es	is	os	us

isla

pesc**ado**

man**os**

castillo

escoba

m**os**ca

Lee las sílabas, lee las palabras, traza y escribe

an | en | in | on | un

m an zana

c in co

rat ón

b an dera

m un do

m en ta

Lee las sílabas, lee las palabras, traza y escribe

| ar | er | ir | or | ur |

cerdo

cerdo

ardilla

ardilla

tortuga

tortuga

h**or**miga

hormiga

b**ar**co

barco

c**ir**co

circo

Lee las sílabas, lee las palabras, traza y escribe

al	el	il	ol	ul

pastel

pastel

pulpo

pulpo

soldado

soldado

barril

barril

selva

selva

mantel

mantel

Lee las sílabas, lee las palabras, traza y escribe

| az | ez | iz | oz | uz |

pez

pez

luz

luz

láp iz

lápiz

nar iz

nariz

llov iz na

llovizna

arr oz

arroz

Lee las sílabas, lee las palabras, traza y escribe

| am | em | im | om | um |

bom**bero**

tam**bora**

cam**po**

com**bate**

cam**pana**

bam**bú**

Lee las sílabas, lee las palabras, traza y escribe

ey	uy	ay	oy

rey

rey

buey

buey

carey

carey

hoy

hoy

ley

ley

muy

muy

hay

muy

Lee las sílabas, lee las palabras, traza y escribe

| xa | xe | xi | xo | xu |

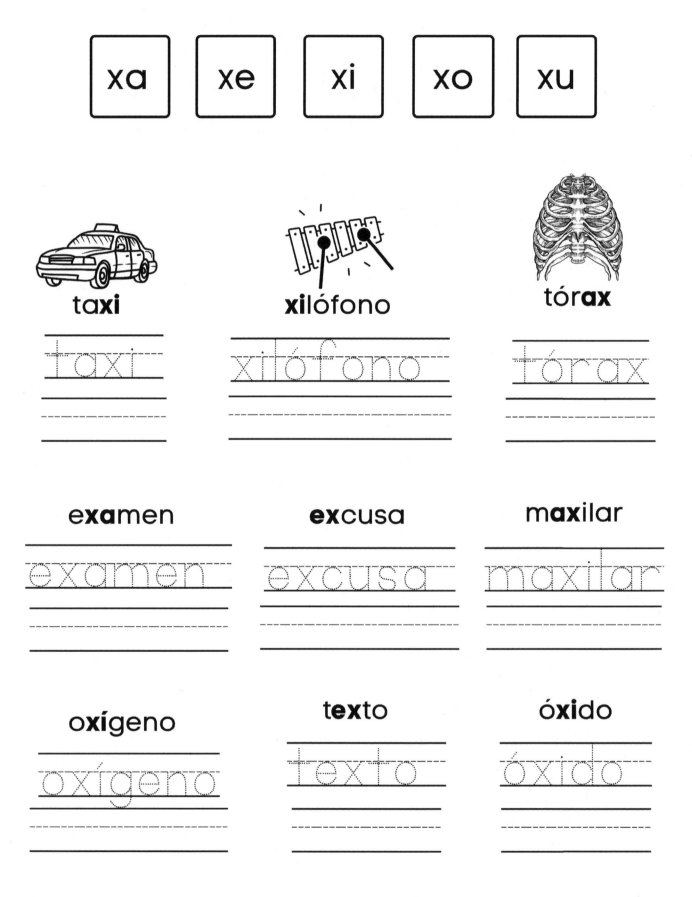

taxi

taxi

xilófono

xilófono

tórax

tórax

examen

examen

excusa

excusa

maxilar

maxilar

oxígeno

oxígeno

texto

texto

óxido

óxido

Lee las sílabas, lee las palabras, traza y escribe

| ac | ec | ic | oc | uc |

doc**t**or

doctor

iny**ec**ción

inyección

cacto

cacto

p**ac**to

pacto

lectura

lectura

dir**ec**tor

director

acción

acción

inf**ec**ción

infección

Lee las sílabas, lee las palabras, traza y escribe

pla	ple	pli	plo	plu

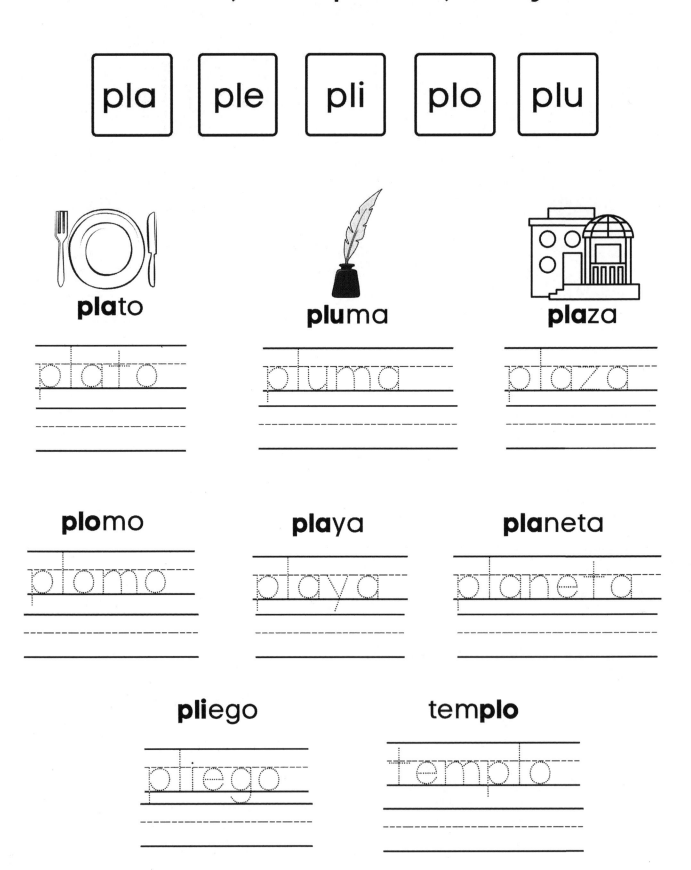

plato

pluma

plaza

plomo

playa

planeta

pliego

tem**plo**

Lee las sílabas, lee las palabras, traza y escribe

| cla | cle | cli | clo | clu |

clavo

clavo

bici**cle**ta

bicicleta

clima

clima

cloro

cloro

re**clu**ta

recluta

clase

clase

te**cla**

tecla

chi**cle**

chicle

Lee las sílabas, lee las palabras, traza y escribe

bla	ble	bli	blo	blu

blusa

blusa

mue**ble**

mueble

ca**ble**

cable

pue**blo**

pueblo

ro**ble**

roble

nie**bla**

niebla

sa**ble**

sable

pú**bli**co

público

Lee las sílabas, lee las palabras, traza y escribe

| gla | gle | gli | glo | glu |

globo

glob o

re**gla**

regla

i**gle**sia

iglesia

gloria

gloria

si**glo**

siglo

glotón

glotón

re**gli**ta

reglita

glucosa

glucosa

Lee las sílabas, lee las palabras, traza y escribe

| fla | fle | fli | flo | flu |

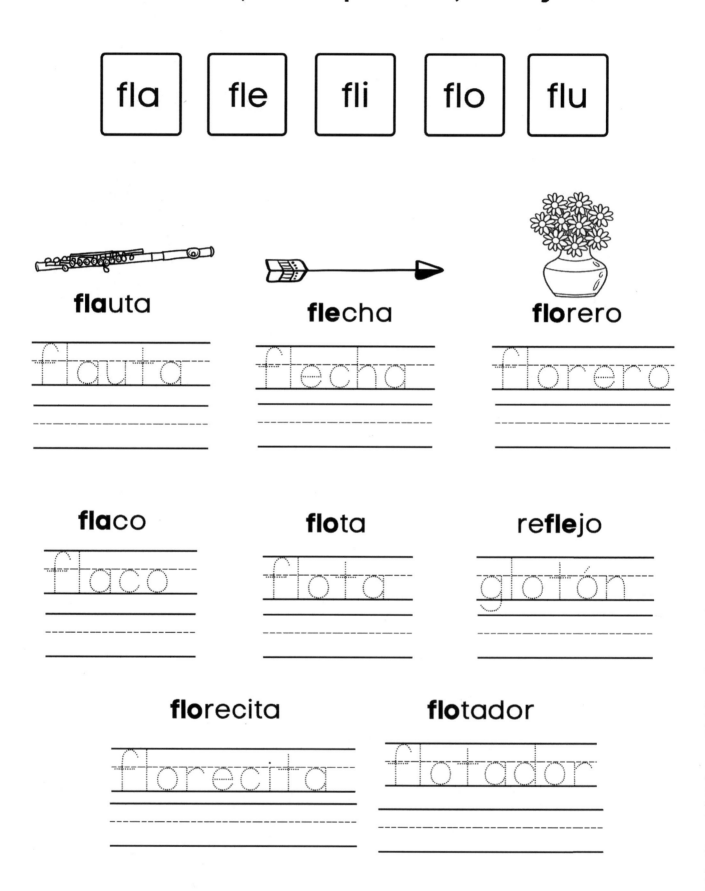

flauta

flauta

flecha

flecha

florero

florero

flaco

flaco

flota

flota

re**fle**jo

glotón

florecita

florecita

flotador

flotador

Lee las sílabas, lee las palabras, traza y escribe

pra	pre	pri	pro	pru

prado

precio

sor**pre**sa

primero

primo

ca**pri**cho

promesa

problema

Lee las sílabas, lee las palabras, traza y escribe

| tra | tre | tri | tro | tru |

potro

potro

cua**tro**

cuatro

es**tre**lla

estrella

sas**tre**

sastre

trapo

trapo

trineo

trineo

li**tro**

litro

tribu

tribu

Lee las sílabas, lee las palabras, traza y escribe

| gra | gre | gri | gro | gru |

tigre

tigre

can**gre**jo

cangrejo

grillo

grillo

grupo

grupo

grasa

grasa

san**gre**

sangre

sa**gra**do

sagrado

a**gri**cultor

agricultor

Lee las sílabas, lee las palabras, traza y escribe

| dra | dre | dri | dro | dru |

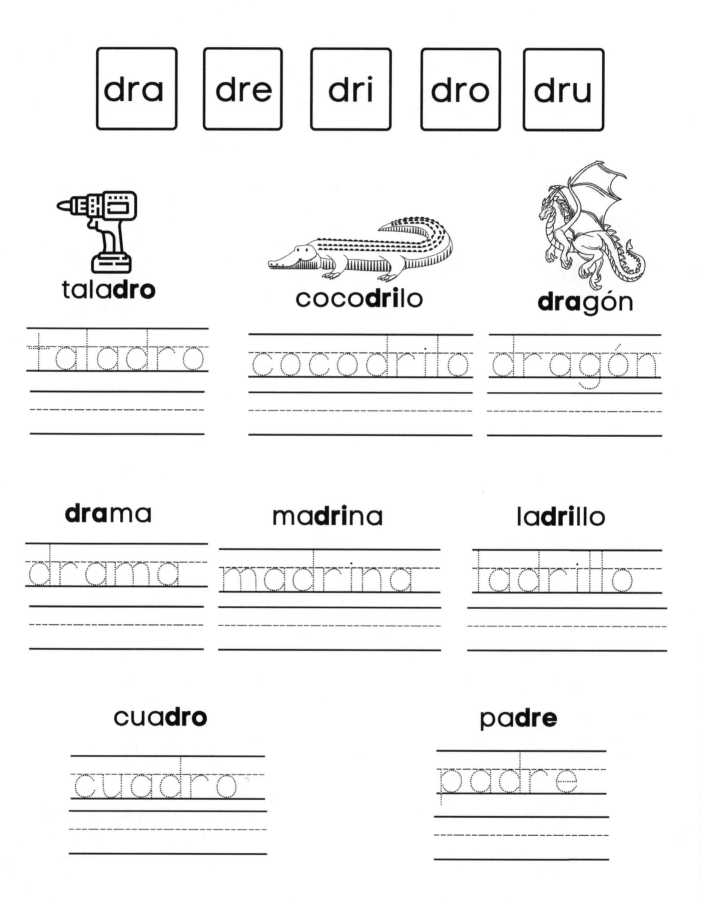

taladro

taladro

cocodrilo

cocodrilo

dragón

dragón

drama

drama

ma**dri**na

madrina

la**dri**llo

ladrillo

cua**dro**

cuadro

pa**dre**

padre

Lee las sílabas, lee las palabras, traza y escribe

| cra | cre | cri | cro | cru |

crema

crema

re**cre**o

recreo

crucifijo

crucifijo

credo

credo

cromo

cromo

crudo

crudo

mi**cro**bio

microbio

es**cri**tura

escritura

Lee las sílabas, lee las palabras, traza y escribe

bra	bre	bri	bro	bru

brazo

li**bro**

ca**bra**

brisa

broche

breva

som**bre**ro

sem**bra**do

Lee las sílabas, lee las palabras, traza y escribe

| fra | fre | fri | fro | fru |

fruta

fruta

fresa

fresa

co**fre**

cofre

freno

freno

fragua

fragua

frase

frase

frituras

frituras

frutero

frutero

Leer las historias

La familia

Había una vez una familia;

Mamá, papá y la pequeña Ema;

Viven en una casa bonita;

Disfrutan cada día con alegría;

Juegan juntos, se abrazan con ternura;

Son felices en su dulce travesía;

Así es su vida, llena de dulzura.

La familia

Había una vez una familia,

Mamá, papá y la pequeña Ema,

Viven en una casa bonita,

Disfrutan cada día con alegría,

Juegan juntos, se abrazan con

ternura,

Son felices en su dulce

travesía,

Así es su vida, llena de dulzura.

Mi mamá

Mamá es una heroína en mi vida.

Siempre está lista para ayudar y guiar.

Cada día me da una gran alegría,

y me enseña a amar y perdonar.

Con ella aprendo a ser valiente y a nunca dejar de

soñar.

Mamá es mi mejor confidente y por siempre la voy a

amar.

Mi mamá

Mamá es una heroína en mi vida.

Siempre está lista para ayudar

y guiar.

Cada día me da una gran

alegría,

y me enseña a amar y

perdonar.

Con ella aprendo a ser valiente

y a nunca dejar de soñar.

Mamá es mi mejor confidente y

por siempre la voy a amar.

Hugo y su papá

Hugo va de paseo con su papá. Lleva su mapa para no perderse. Ven un puma en el camino y lo saludan. Hugo le muestra a su papá la pipa que encuentra en el paseo.

Después, encuentran un pomo de frutas. Papá coge una y la comparte con su hijo Hugo. Juntos continúan su paseo en el parque y disfrutan toda la tarde.

Hugo y su papá

Hugo va de paseo con su papá

lleva su mapa para no perderse.

Ven un puma en el camino y lo

saludan. Hugo le muestra a su

papá la pipa que encuentra en el

paseo.

Después, encuentran un pomo de

frutas. Papá coge una y la

comparte con su hijo Hugo.

Juntos continúan su paseo en el

parque y disfrutan toda la

tarde.

La mula y la paloma

La mula y la paloma son amigas,

juntas salen a dar una vuelta en la pradera.

La mula corre y la paloma vuela,

se divierten mucho en su aventura sin espera.

Llegan a un árbol con frutas sabrosas,

la mula las coge y la paloma las saborea.

Juntas disfrutan de un día de sol,

y al final del día regresan a casa con su amor.

El mono y la luna

El mono saltaba y brincaba en el bosque de día,

mirando la luna que brillaba en la noche fría.

Quería tocarla, jugar y reír con ella,

pero parecía tan lejana, tan inmensa y bella.

Entonces empezó a trepar hacia la luna en la mina,

determinado a alcanzarla, sin miedo ni ruina.

Subió y subió, sin mirar hacia abajo,

hasta que finalmente, la luna tocó con su mano.

El pato y su pelota

Un pato en el parque juega con una pelota,

rodando, saltando y brincando con mucha nota.

La pelota es su amiga, su compañera fiel,

juntos se divierten, sin tristeza ni cruel.

El pato lanza la pelota hacia el cielo,

la pelota sube y sube, ¡qué desafío tan bueno!

El pato la sigue, ansioso por atraparla,

y cuando lo logra, se siente tan feliz en su ala.

El ave en su nido

La ave está en su nido,

observando todo sin ningún ruido.

Quiere volar alto hacia el sol,

y alcanzar todo sin ningún control.

Un día decide probar,

sus alas para poder volar.

Salta del nido sin temor,

y comienza a volar con gran fervor.

Ahora la ave es la reina del cielo,

volando alto y bajo sin desvelo.

Disfruta la vida con alegría,

y vive aventuras cada día.

Sapo y Oso

El oso y su amigo sapo van juntos a dar un paseo. Ven flores y bayas en el camino, y juegan en el arroyo cristalino.

Sapo salta y se resbala, pero Oso lo ayuda y no se rinde. Juntos disfrutan su aventura, y al final del día regresan a casa con ternura.

El toro en la padrera

El toro corre y brinca en la pradera,

con sus amigos juega y se divierte sin parar.

Mira el sol y siente la brisa en su cara,

se siente feliz y lleno de alegría.

El toro es fuerte y veloz como un rayo,

y aunque es grande, también puede ser

amigable.

Disfruta cada día con ganas y energía,

y cuando la noche llega, duerme en paz y

armonía.

El loro divertido

El loro en su jaula canta sin cesar,

con su plumaje brillante y colorido,

en busca de atención y cariño,

el loro siempre está muy animado.

Salta y se mueve de un lado a otro,

jugando con sus juguetes preferidos,

lleno de energía y vitalidad,

el loro nunca está aburrido.

A veces habla con los visitantes,

y ellos quedan sorprendidos,

porque el loro sabe hablar muy bien,

y siempre tiene algo divertido.

La mariposa

La mariposa vuela feliz,

buscando las flores más hermosas,

se posa en una y abre sus alas,

mostrando su belleza y su esplendor.

A veces vuela muy alto en el cielo,

sabe que es libre y puede ir a donde quiera,

cuando llega la noche, se posa en una hoja,

y allí descansa en paz y tranquilidad.

La rosa y la risa

La rosa crece en el jardín,

con su perfume y su color,

mientras que la risa se oye cerca,

de niños jugando con amor.

La rosa está quieta en su lugar,

pero la risa corre y salta sin cesar,

los niños se divierten en el parque,

mientras la rosa observa desde el jardín.

La rosa es delicada y hermosa,

la risa es alegre y contagiosa,

juntos crean un paisaje encantador,

lleno de amor, felicidad y color.

El perro cariñoso

Un perro jugaba con su pelota,

en lo alto de una torre muy alta,

moviéndose con gran agilidad,

disfrutando de su libertad.

La vista desde arriba era asombrosa,

y el perro se sentía como una rosa,

libre de preocupaciones y sin prisa,

disfrutando de su gran sonrisa.

La ratita curiosa

Una ratita muy curiosa,

buscaba queso y pan en su cocina ingeniosa.

En el armario secreto encontró un gran tesoro,

y picoteó el queso y pan sin descanso y con tesoro.

Pero un día oyó un ruido extraño,

era el gato persiguiendo a un ratón cercano.

Rosita escapó al escondite, aprendiendo una lección,

que en la cocina hay peligros si no se es precavido, sin

excepción.

Y así, Rosita se volvió más cuidadosa,

buscando queso y pan de manera ingeniosa.

Ema y su muñeca

Ema juega con su muñeca,

la lleva a todas partes sin pereza.

En el parque se divierten las dos,

saltando y corriendo sin temor.

La muñeca es su mejor amiga,

con ella no se siente nunca sola ni perdida.

Juntas exploran el mundo y sus maravillas,

y Ema sonríe con alegría y tranquilidad.

La niña

¡La niña feliz, come piña sin fin!

Le gusta la fruta y le sienta muy bien.

Con su cuchillo, corta la piña en trozos,

y se los come con muchísimo gozo.

Le encanta su sabor dulce y tropical,

y cómo su jugo es tan refrescante y natural.

¡La niña sonríe mientras come su piña,

y su mamá feliz, la mira y la anima!

Después de terminar, la niña se siente

satisfecha,

y su barriga contenta, ahora está bien llena.

¡Come frutas y verduras, es lo mejor que hay,

y a la niña le encanta, piña comer cada día!

La araña

Ana es una araña

que teje su tela todo el día,

mientras el sol en el cielo brilla

y las hojas de los árboles susurran todo el día.

En su tela ella espera,

atrapando insectos sin cesar,

con su astucia y habilidad,

para su cena poder preparar.

Ana es muy pequeñita,

pero valiente y trabajadora,

siempre lista para su labor

con su tela de seda seductora.

El pavo

¡Cluck, cluck, cluck!, dijo el pavo,

camina por el jardín sin parar,

buscando algo para picotear;

encuentra unas semillas, ¡qué bien!

De repente, escucha un ruido extraño:

un ratón aparece corriendo.

El pavo asustado sale volando,

y agradece a sus alas por tenerlas.

Vuela por el aire muy lejos,

hasta que encuentra un buen lugar

con otros pavos para estar;

y allí el pavo se queda, feliz sin parar.

La nave

Una nave voladora muy rápida,

que por el cielo vuela sin parar.

Con sus turbinas bien encendidas,

a las estrellas va a visitar.

Sube y sube por las nubes,

buscando aventuras por doquier.

No hay lugar que no descubra,

pues la nave quiere conocer.

Aterrizando en un planeta lejano,

encontró amigos que quiso saludar.

Jugó con ellos un rato,

y luego decidió regresar.

Con rumbo fijo hacia la Tierra,

la nave voladora emprendió su viaje.

Y con su tripulación contenta,

llegó a casa sin hacer viaje.

La bola y el bate

La bola y el bate se juntaron

en el campo de juego jugaron.

La bola voló muy lejos, lejos

y el bate la golpeó con un festejo.

La bola dio un salto en el aire,

y el bate la siguió sin desaire.

La bola y el bate se encontraron

y el juego de nuevo comenzaron.

La bola giró, giró en el aire

y el bate la golpeó con gran saña.

La bola voló y voló muy alto

y el bate sintió un gran asalto.

La bola cayó en el suelo

y el bate se sintió muy bueno.

El juego se acabó por hoy

pero mañana volverán a jugar con gran amor.

La bota y la bata

La bota y la bata

salieron a jugar,

junto con una pelota,

al parque a pasear.

La bota con su suela

y la bata con su mango,

jugaron en la cancha,

como buenos amigos.

La pelota saltaba,

y la bata la hacía volar,

mientras la bota saltaba,

y trataba de atrapar.

Juntos jugaron y rieron,

hasta que el sol se escondió;

la bota y la bata se fueron,

pero la pelota se quedó.

Y así terminó el juego

entre la bota y la bata,

una aventura divertida

que nunca olvidarán.

El gato y el gusano

Un gato curioso, jugando en el jardín,

encontró un gusano, ¡qué suerte para él!

El gato con la pata lo quiso atrapar,

pero el gusano se escapa ¡qué astuto animal!

El gusano se esconde debajo de una flor,

el gato lo busca, pero no lo encuentra mejor.

Con su nariz el gato sigue el rastro,

y otra vez encuentra al gusano astuto y

pícaro.

El gusano se retuerce y se mueve sin cesar,

el gato lo mira con ganas de jugar.

Pero el gusano se va, se desliza muy veloz,

y el gato se queda, sin poder hacer nada, ni un

adiós.

El mago

Hay un mago pequeño,

que hace trucos de ensueño;

con su varita mágica,

y un libro de conjuros fantástica.

Invoca un conejo blanco,

y de un sombrero lo saca sin queja alguna.

Transforma una piedra en un gato,

y un florero en una abeja que aletea y salta.

Aparece un pájaro delgado,

y un reloj de bolsillo que estaba perdido.

El mago pequeño los saca con un toque,

y todos los niños aplauden con mucho enfoque.

El mago pequeño se inclina y dice adiós,

y los niños lo despiden con un fuerte aplauso.

Con su sombrero y varita en mano,

el mago pequeño se va, dejando su hechizo,

como en un sueño.

El regalo

Un regalo envuelto muy bonito,

en la tienda estaba solito.

Lo compró un niño muy feliz,

y corriendo lo llevó hasta su casa, ¡vaya que sí!

Lo abrió con cuidado y una sonrisa,

encontrando un juguete que él quería con

prisa.

Ahora se divierte y juega con él,

este regalo fue perfecto para él.

Mamá ama su café

Mamá ama su café,

todas las mañanas lo tomará.

Con su aroma y sabor,

de energía la llenará.

Le encanta su café negro,

sin azúcar ni leche añadirá.

Lo disfruta despacio,

antes de salir a trabajar.

Para mamá, su café es importante,

como un buen amigo lo tratará.

Y siempre que lo toma,

una sonrisa en su cara mostrará.

La foca y el foco

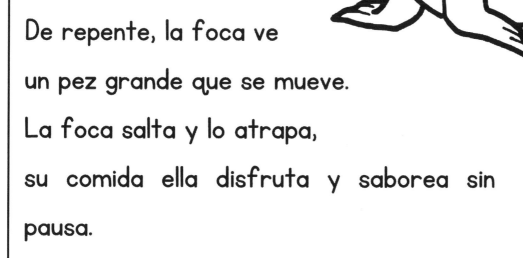

La foca nadaba en el mar,

muy contenta al chapotear.

Con sus amigos ella juega,

y su pelaje moja y se seca.

De repente, la foca ve

un pez grande que se mueve.

La foca salta y lo atrapa,

su comida ella disfruta y saborea sin

pausa.

La foca está feliz y satisfecha;

en el agua, ella se desecha

hasta el siguiente día soleado,

la foca seguirá en el mar, feliz y jugando.

El faro

El faro se alza en la costa,

guiando barcos a su paso,

con su luz brillante y franca

iluminando el ocaso.

Desde su torre, el farero

vigila con atención,

alerta ante cualquier peligro,

cumpliendo su misión.

Y así, el faro sigue firme,

en su deber sin cesar,

siempre ayudando a los barcos,

a su destino llegar.

El helado

Un helado frío y dulce como la miel,

en el verano se siente como un ciel,

de fresa, vainilla, o chocolate,

es el mejor postre para cualquier tarde.

Lo sostengo fuerte en mi mano,

mientras camino por el parque temprano,

el sol brilla, el helado se derrite,

pero no importa, su sabor es infinito.

De un mordisco lo disfruto sin parar,

pronto se acaba y no queda más,

pero eso no importa, ya quiero otro,

un helado más grande, o tal vez más loco.

La hada

En un jardín encantado

vive un hada de buen corazón,

con su varita mágica en mano

trae alegría a toda ocasión.

Sus alas brillantes y coloridas

son un espectáculo para ver,

y su risa suena como campanitas

que en el viento se dejan llevar.

Ayuda a los animales y las flores,

y a los niños que necesitan amor.

Es un ser de luz y de bondad

que es adorado por todo el jardín en su

alrededor.

Así es la hada de este lugar,

siempre lista para ayudar,

llena de magia y amor sin igual,

es una amiga que nunca dejarás de recordar.

El sapito herido

Había un sapito que saltaba en el prado, pero un día se hirió en su costado. No podía saltar ni jugar con los demás, se sentía triste, solo y sin más.

Pero llegó una rana que lo vino a ver, y con cariño lo ayudó a sufrir menos dolor, lo cuidó, lo curó, lo hizo sanar, y pronto el sapito volvió a saltar.

Ahora sabe que la amistad es un gran valor, y que cuando uno cae, siempre hay amor, de aquellos que están dispuestos a ayudar, como la rana que vino a sanarlo y a amar.

La hamaca

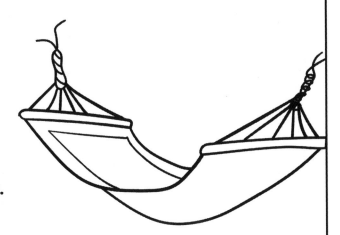

En la hamaca mecedora,

me siento como una reina,

con la brisa y el solcito,

me relajo y me adormezco.

Me balanceo suave y lento,

mientras escucho los pajaritos,

y me dejo llevar por el viento,

mientras sueño con mi futuro.

Así es la vida en mi hamaca,

un momento de paz y calma,

un oasis de tranquilidad,

que me hace sentir como en casa.

El zorro

El zorro astuto se asoma con cautela,

observando su alrededor con gran destreza.

Su objetivo es claro: llenarse la panza

con conejos jugosos y alguna caza.

Mueve su cola con gracia y elegancia,

saltando los obstáculos con rapidez y potencia,

aprovechando la oscuridad de la noche,

cazando su presa sin dejar que se escape.

Pero cuidado, el zorro es un tramposo

y siempre está listo para dar un golpe

maestro,

así que ten cuidado si te encuentras con él

o podrías convertirte en su cena de miel.

Los zapatos

Los zapatos de Juan se van a pasear,

con sus suelas de goma no paran de saltar,

saltan, saltan, hasta el amanecer,

y Juan se queda dormido sin saber.

Pero al despertar y buscar sus zapatos,

no los encuentra en ningún rato,

los busca por aquí, los busca por allá,

hasta que los ve saltando en el hogar.

Los zapatos de Juan son muy traviesos,

y aunque él los regañe, siempre hacen desastres,

pero al final los perdona y los quiere,

porque sus zapatos son sus mejores amigos de siempre.

La ballena

La ballena en el mar nadaba,

con su enorme cuerpo flotaba,

con su cola ella saludaba.

Bajo el agua ella escondida,

su canto dulce se oía,

a los peces ella les cantaba.

Con su boca abierta y enorme,

peces pequeños ella engulle,

y al mar su vida ella devuelve.

La ballena en el mar es reina,

su tamaño a todos impresiona,

en el mar ella siempre domina.

El gallo

En un corral vivía un gallo,

con su plumaje bien amarillo.

Cada mañana él se despertaba,

y a todos los animales saludaba.

Un día un huevo en el nido encontró,

y muy emocionado el gallo cantó.

De ese huevo una pollita salió,

y el gallo a su hija muy bien crió.

Desde entonces cada mañana temprano,

el gallo y su pollita cantan a coro.

Juntos en el corral viven felices,

el gallo y su pequeña aprendiz.

Mis juguetes

Los juguetes en mi cuarto están,

más de uno para elegir y jugar.

El tren, la muñeca, el balón,

y también el osito con su lazo en la cintura,

muy bonito.

Con el juego me divierto,

y aprendo también un poco más.

Dejo los juguetes en su lugar,

para poder volver a jugar otro día sin falta.

La imaginación se despierta,

con cada uno de los juguetes que tengo.

Son mi tesoro y mi alegría,

y siempre estarán en mi corazón como

compañía.

Cine

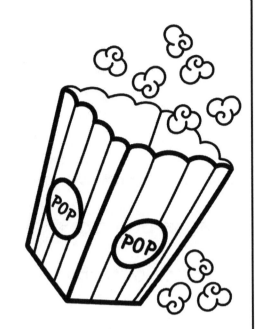

En el cine voy a ver,

una película sin fin.

Me siento en mi asiento y ya

todo empieza a salir.

Las luces se apagan

y la pantalla brilla con fuerza.

Las imágenes me atrapan,

¡es una experiencia que no cesa!

La historia me emociona

y el sonido es impresionante.

Me quedo sin respiración,

¡el cine es simplemente alucinante!

La lechuza

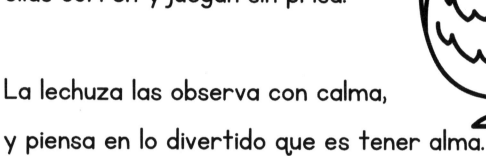

La lechuza mira hacia las niñas,

ellas corren y juegan sin prisa.

La lechuza las observa con calma,

y piensa en lo divertido que es tener alma.

Ella vuela por encima de las niñas,

las ve felices y llenas de alegría.

La lechuza sabe que también es niña,

y agradece el poder verlas con su mirada

mágica y añeja.

El queso

En un pueblo muy pequeño,

vivía un ratón tan travieso.

Un día encontró un gran queso,

y se puso muy contento.

Pero el queso era muy pesado,

y no lo podía cargar.

Así que llamó a sus amigos,

para juntos poderlo llevar.

Comieron queso hasta cansarse,

se divirtieron sin parar.

El ratón y sus amiguitos,

se sintieron muy felices al finalizar.

La gelatina

La gelatina en la mesa está,

colorida y lista para probar.

De fresa, limón y naranja es,

un postre delicioso y muy cortés.

Con cuchara pequeña y suave,

los niños la prueban con gran alarde.

Se ríen y juegan con la comida,

sin saber que el postre se acaba enseguida.

La gelatina desaparece en un santiamén,

dejando a los pequeños con gusto a querer

más también.

La próxima vez que la coman,

sabrán que la gelatina es una delicia sin igual

para disfrutar hasta el final.

El castillo

En lo alto de la colina,

se alza un castillo gris.

Con torres y almenas,

que parecen tocar el cielo azul.

Un puente levadizo,

que cruza el foso profundo.

Y en el patio interior,

un hermoso jardín se encuentra.

Allí, entre las flores,

un caballero valiente espera.

Para rescatar a la princesa,

y librarla del malvado dragón.

La manzana

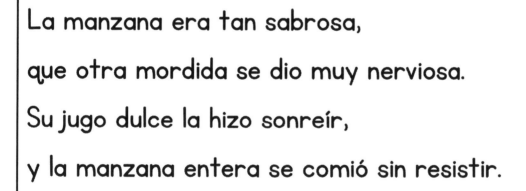

Una manzana roja y jugosa,

en el árbol colgaba hermosa.

Una niña la vio y la quiso probar,

así que en un mordisco la pudo probar.

La manzana era tan sabrosa,

que otra mordida se dio muy nerviosa.

Su jugo dulce la hizo sonreír,

y la manzana entera se comió sin resistir.

De la manzana solo quedó el corazón,

y la niña feliz siguió su diversión.

Así que si ves una manzana en el árbol,

pruébala y seguro que tendrás un dulce sabor.

La bandera

La bandera ondea en el viento,

nuestro símbolo de unidad,

los colores en movimiento,

azul, blanco, rojo con claridad.

Representa nuestra nación,

y su historia de libertad,

en cada ceremonia y ocasión,

en lo alto de una ciudad.

La bandera es un orgullo,

de nuestra tierra y su gente,

un lazo que nos une a todos,

y que se muestra siempre presente.

Por eso honramos su figura,

y la llevamos con respeto,

como un emblema que perdura,

de nuestra patria en su completo.

La tortuga

Una tortuga lenta y graciosa,

en el jardín camina sin prisa.

Come lechuga y tomate,

siempre va en busca de algo que mate.

Se detiene a tomar el sol,

y sigue su camino hacia el arroyo.

Nada como un pez en el agua fría,

y en la noche a su caparazón se cobija.

El pulpo

Un pulpo muy listo y veloz,

en el mar nadaba feliz,

con sus tentáculos de gran destreza,

nunca perdía su ritmo y viveza.

Un día se encontró con un pez,

que estaba atrapado en una red,

el pulpo lo liberó sin vacilar,

y juntos volvieron a nadar.

Desde entonces, son amigos inseparables,

y en el mar disfrutan de momentos

inolvidables.

El pez

Había un pequeño pez en el mar,

siempre listo para explorar y nadar.

Con sus aletas tan bonitas y brillantes,

se movía rápido, sin desviarse ni un instante.

Un día, en su camino encontró

un tesoro escondido, ¡qué emoción!

De oro y diamantes, era la más hermosa joya,

el pez no pudo resistirse y la tomó con alegría.

Pero pronto se dio cuenta de su error,

pues con la joya su nado se hacía más lento y

peor.

Así que decidió dejarla de nuevo en su lugar,

y seguir nadando libre, feliz y sin preocupar.

Xilófono

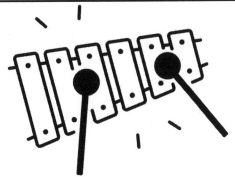

El xilófono es un instrumento muy chévere,

con teclas de colores que son fáciles de ver.

Al tocarlas con los palillos hace un sonido,

que parece música de otro mundo y no de

este recinto.

El niño toca con mucha emoción,

y el sonido que produce lo llena de pasión.

El xilófono es su instrumento favorito,

y cada vez que lo toca, siente que está en un

gran concierto.

Con sus dedos va moviendo los palillos,

y cada nota que suena lo llena de brillo.

El xilófono es su gran compañero,

y juntos hacen música que llega al cielo entero.

El cacto

En el desierto vive un cacto muy alto,

Con ramas y espinas como un retrato,

En la noche su flor se abre en un rato,

Y los animales se quedan maravillados.

Con la lluvia, el cacto se pone feliz,

Crece y crece hasta tocar el país,

Con su gran tamaño es difícil de vencer,

El cacto en el desierto es el rey sin querer.

El globo

En el parque un globo vuela

alto en el cielo se ve.

Con su cuerda su dueño juega,

lo hace subir y bajar otra vez.

Brilla el sol y el aire sopla,

el globo se mueve con suavidad.

A los niños les encanta verlo,

y con sus risas lo animan a volar con libertad.

El cofre

Había un cofre encantado,

que guardaba un gran secreto.

Un niño lo abrió con su llave,

y dentro encontró un tesoro completo.

Desde ese día, el cofre y el niño,

se convirtieron en amigos estrechos.

EL CONOCIMIENTO TE HACE LIBRE

ERES especial

GRACIAS

Gracias por leer este libro tan emocionante,
esperamos que te haya gustado cada instante.
Cada página está llena de aventuras y diversión,
y esperamos que hayas aprendido algo en cada lección.

Leer es un gran tesoro que te abrirá muchas puertas,
y te llevará a lugares lejanos y aventuras inciertas.
Así que esperamos que sigas leyendo con emoción,
y que siempre encuentres en los libros una gran inspiración.

Gracias de nuevo por darnos tu tiempo y atención,
y esperamos que vuelvas a leer con gran devoción.

CERTIFICATDO

DE EXELENCIA

PRESENTADO A:

_____

**Por haber aprendido a
leer y escribir**

CastSeller LLC

Made in the USA
Las Vegas, NV
23 November 2024

12488628R00061